Impressum
Verlag: BABADADA GmbH, Nedderfeld 112 , 22529 Hamburg
Geschäftsführer / Verlagsleitung: Harald Hof
Druck: Books on Demand GmbH, In de Tarpen 42, 22848 Norderstedt

Imprint
Publisher: BABADADA GmbH, Nedderfeld 112 , 22529 Hamburg, Germany
Managing Director / Publishing direction: Harald Hof
Print: Books on Demand GmbH, In de Tarpen 42, 22848 Norderstedt

# el colegio

# dugsi

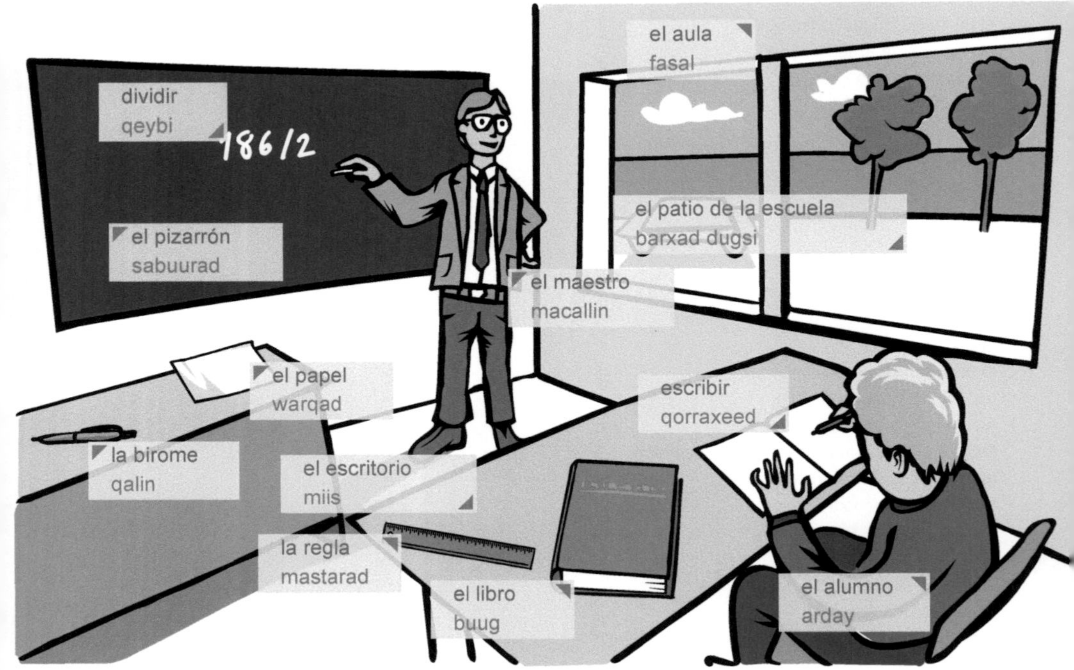
el aula
fasal
dividir
qeybi
186/2
el pizarrón
sabuurad
el patio de la escuela
barxad dugsi
el maestro
macallin
el papel
warqad
escribir
qorraxeed
la birome
qalin
el escritorio
miis
la regla
mastarad
el libro
buug
el alumno
arday

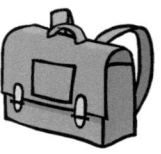

la mochila

boorso

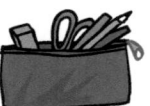

la caja de lápices

kiis qalin-qori

el lápiz

qalin-qori

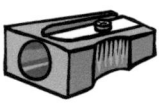

el sacapuntas

koobka qalin qor

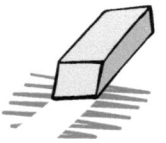

la goma (de borrar)

titirre

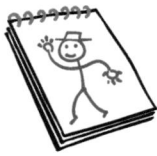

el bloc de dibujo

buugga sawirka

el dibujo

sawirid

el pincel

burushka midabaynta

la caja de pinturas

gasaca midabaynta

la tijera

maqasyo

el pegamento

koollo

el cuaderno de ejercicios

buug qoraal

la tarea

shaqo-guri

el número

lambar

sumar

ku dar

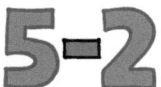

restar

ka jar

multiplicar

ku dhufo

calcular

xisaabi

la letra

warqad

el abecedario

alifbeeto

la palabra

erey

el texto

qoraal

leer

akhri

la tiza

jeesto

la lección

cahsar

el cuaderno de clase

diiwaan

el examen

imtixaan

el certificado

shahaado

el uniforme escolar

direes dugsi

la educación

waxbarasho

la enciclopedia

diwaan mowduuceed

la universidad

jaamacad

el microscopio

mayskariskoob

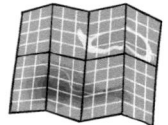

el mapa

khariidad

el tacho (de basura)

haan qashin-gur

# el viaje
# safar

el hotel
hoteel
Grand
el hostel
hoteel jiif-cunto
ROOMS
EXCHANGE
la casa de cambio
xafiiska sarrifaka lacagaha
la valija
shandad-dhar
el auto
baabuur


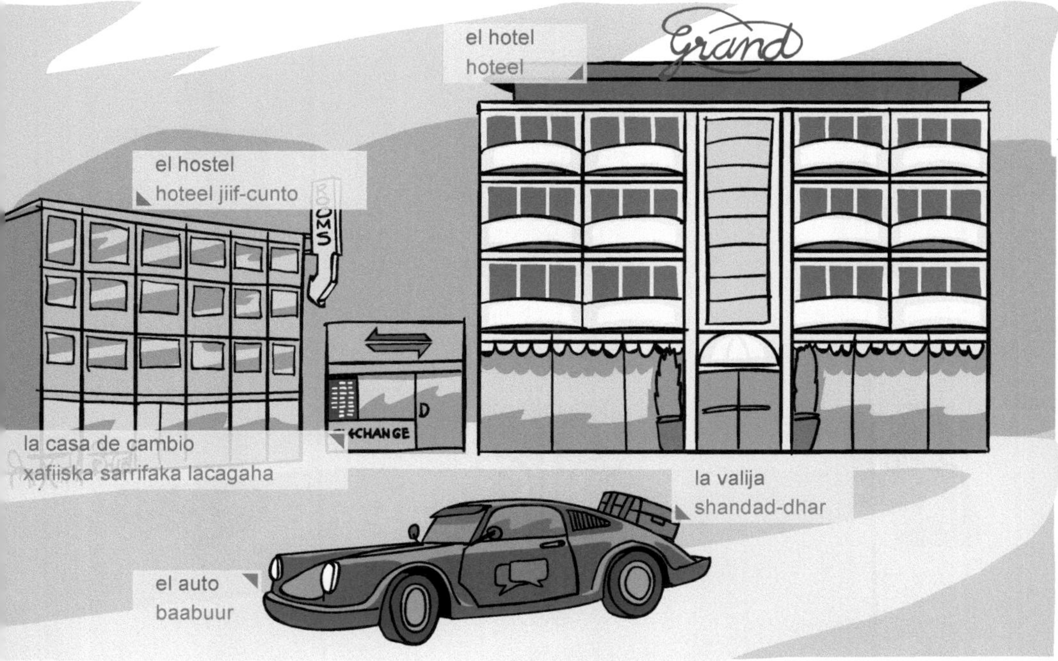

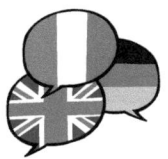

el idioma

luuqad

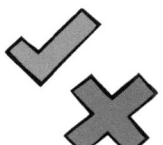

sí / no

haa / maya

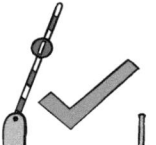

Está bien

Hagaag

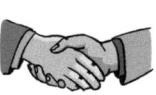

hola

nabad miyaa

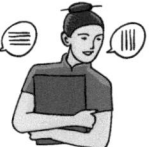

el traductor

turjumaan

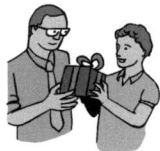

Gracias

Waad mahadsan tahay

¿cuánto cuesta…?

waa immisa…?

No entiendo

ma aanan fahamin

el problema

dhibaato

¡Buenas tardes!

galab wanaagsan!

¡Buenos días!

subax wanaagsan!

¡Buenas noches!

habeen wanaagsan!

el adiós

nabad gelyo

la dirección

jiho

el equipaje

alaabo

el bolso

boorso

la mochila

boorso-dhabar

el invitado

marti

la habitación

qol

la bolsa de dormir

katiifad

la carpa

teendho

la información turística

xog dalxiis

la playa

xeebta

la tarjeta de crédito

kaar amaah

el desayuno

quraac

el almuerzo

qado

la cena

casho

el pasaje

rasiid

el ascensor

wiish

el sello

tiimbare

la frontera

xuduud

la aduana

qeybta-canshuur-bixinta

la embajada

safaarad

la visa

dal ku gal

el pasaporte

baasaboor

# el transporte

# gaadiid

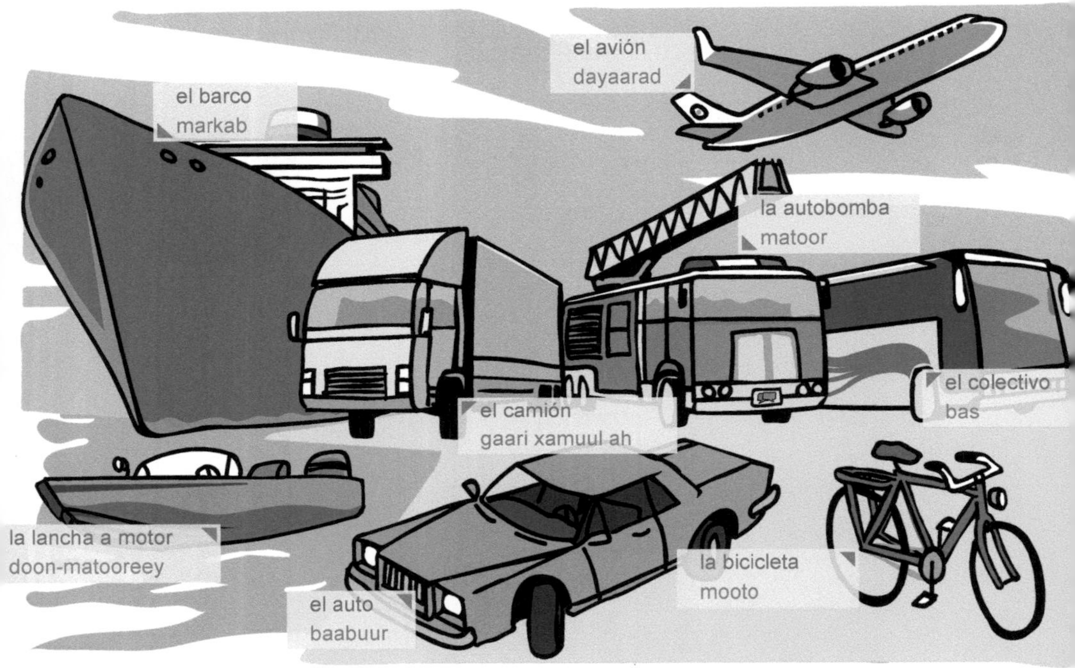
el avión
dayaarad
el barco
markab
la autobomba
matoor
el colectivo
bas
el camión
gaari xamuul ah
la lancha a motor
doon-matooreey
la bicicleta
mooto
el auto
baabuur

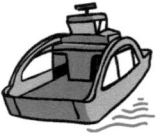

el ferry

doon

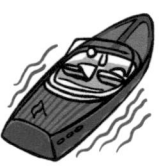

el bote

doonnida

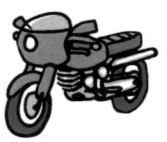

la moto

mooto

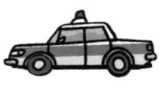

el patrullero

baabuur booliis

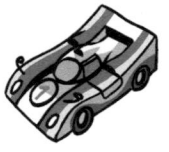

el auto de carreras

baabuur baratan

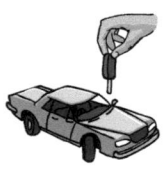

el auto de alquiler

baabuur la-kiraysto

el alquiler de autos

gaadiid-wadaag

la grúa

wiishle

el camión de la basura

gaari qashin-gure

el motor

matoor

la nafta

shidaal

la estación de servicio

ajib

la señal de tránsito

calaamad taraafiko

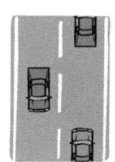

el tránsito

taraafiko

el embotellamiento

jaam baabuur

el estacionamiento

baarkin-baabuur

la estación de tren

boosteejo tareen

las vías

waddo-tareen

el tren

tareen

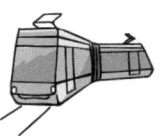

el tranvía

taraam

el vagón

gaari faras

el helicóptero

helikobtar

el aeropuerto

garoonka dayuuradaha

la torre

manaarad

el pasajero

rakaab

el contenedor

weel

la caja de cartón

kartoon

la carretilla

gaari faras

la canasta

dambiil

despegar / aterrizar

kicid / degis

## la ciudad
## magaalo

el pueblo

tuulo

el centro de la ciudad

faras magaale

la casa

guri

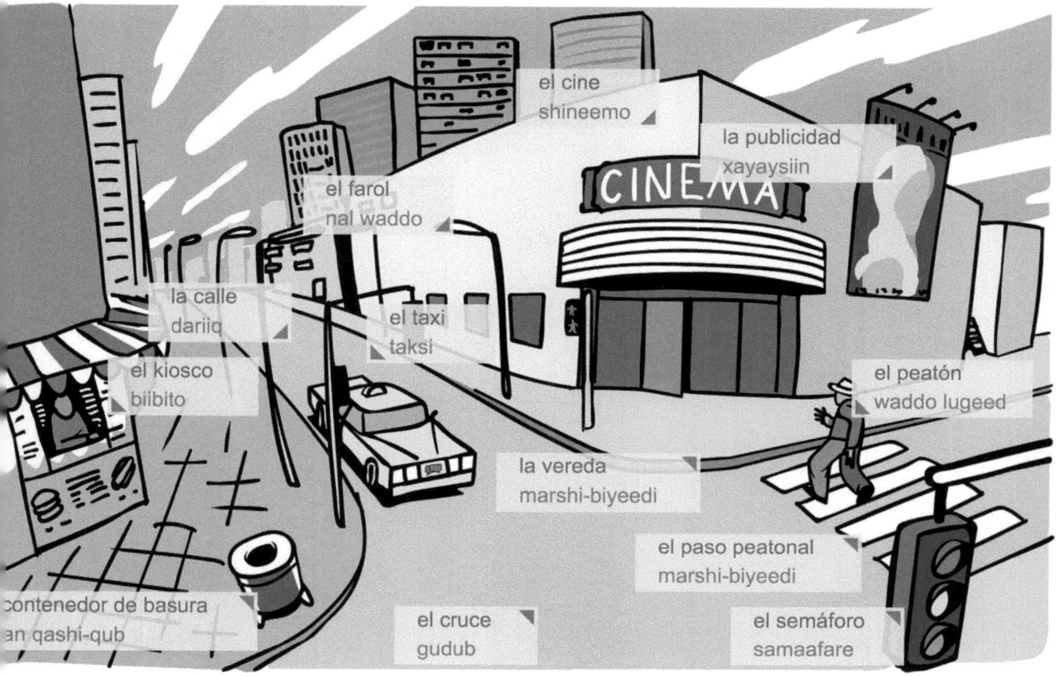

el cine
shineemo

la publicidad
xayaysiin

el farol
nal waddo

CINEMA

la calle
dariiq

el taxi
taksi

el kiosco
biibito

el peatón
waddo lugeed

la vereda
marshi-biyeedi

el paso peatonal
marshi-biyeedi

contenedor de basura
an qashi-qub

el cruce
gudub

el semáforo
samaafare

la cabaña
mundul

el departamento
dabaq

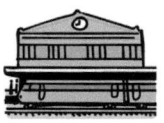

la estación de tren
boosteejo tareen

la municipalidad
xarunta dowladda-hoose

el museo
matxaf

el colegio
dugsi

la universidad

jaamacad

el banco

bangi

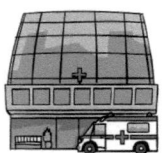

el hospital

isbitaal

el hotel

hoteel

la farmacia

farmasi

la oficina

xafiis

la librería

buug shoob

el negocio

dukaan

la florería

dukaan ubax

el supermercado

carwo

el mercado

suuq

las grandes tiendas

suuq weyne

la pescadería

kalluun-iibshe

el centro comercial

suuq

el puerto

furdo

el parque
jardiino

el banco
kursi

el puente
buundo

las escaleras
jaraanjaro

el subte
waddo-tareen-hoosaad

el túnel
waddo-dhul hoose

la parada del colectivo
boosteejo

el bar
baar

el restaurante
makhaayad

el buzón
sanduuq boosto

el letrero
calaamad waddo

el parquímetro
joogid-cabbire

el zoológico
beer-xayawaan

la pileta
barkad dabbaalasho

la mezquita
masaajid

la granja
beer

la contaminación
naqas

el cementerio
qabuuro

la iglesia
kaniisad

los juegos infantiles
garoon

el templo
macbad

## el paisaje
## muqaal-dhireed

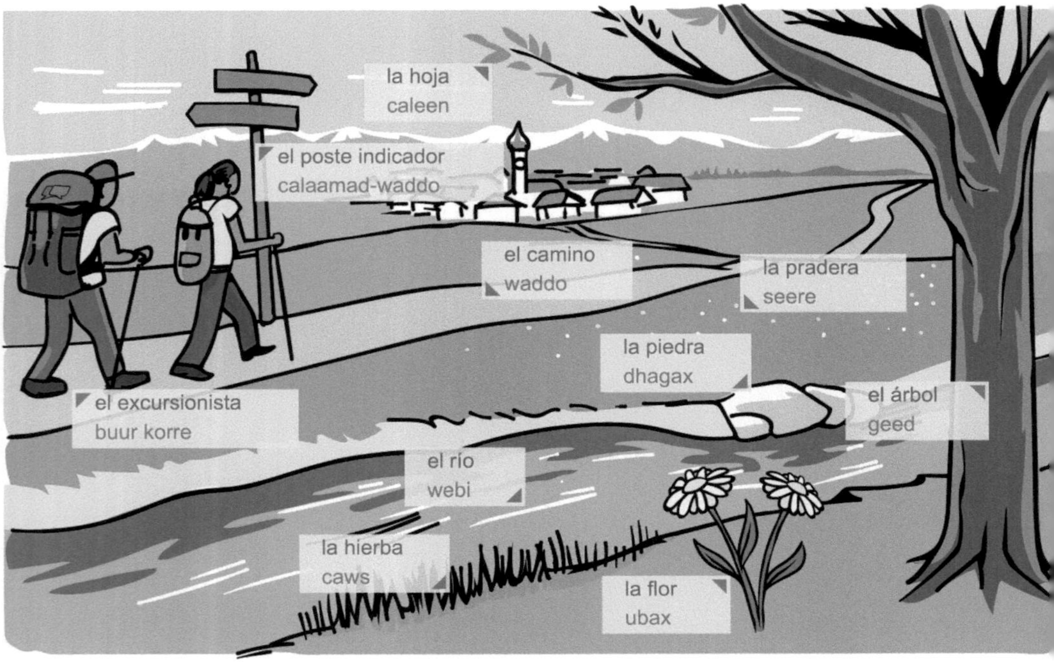

la hoja
caleen

el poste indicador
calaamad-waddo

el camino
waddo

la pradera
seere

la piedra
dhagax

el árbol
geed

el excursionista
buur korre

el río
webi

la hierba
caws

la flor
ubax

el valle

dooxo

la montaña

buur

el lago

laag

el bosque

kayn

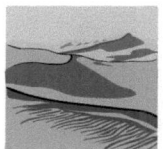

el desierto

saxare

el volcán

foolkaano

el castillo

qasri

el arco iris

qaanso-roobaad

el champiñón

barkin-waraabe

la palmera

geed timireed

el mosquito

kaneeco

la mosca

duqsi

la hormiga

qoraanjo

la abeja

shinni

la araña

caaro

el escarabajo

dameer-duudeey

la rana

rah

la ardilla

dabagaalle

el erizo

kashiito

la liebre

dabagaalle

la lechuza

guumeys

el pájaro

shimbir

el cisne

boolo-boolo

el jabalí

doofaar-jilibeey

el ciervo

deero

el alce

faras-duur

la presa

biyo-xireen

el aerogenerador

tamar-dhaliye

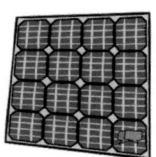

el panel solar

soollar

el clima

cimilo

# el restaurante
## makhaayad

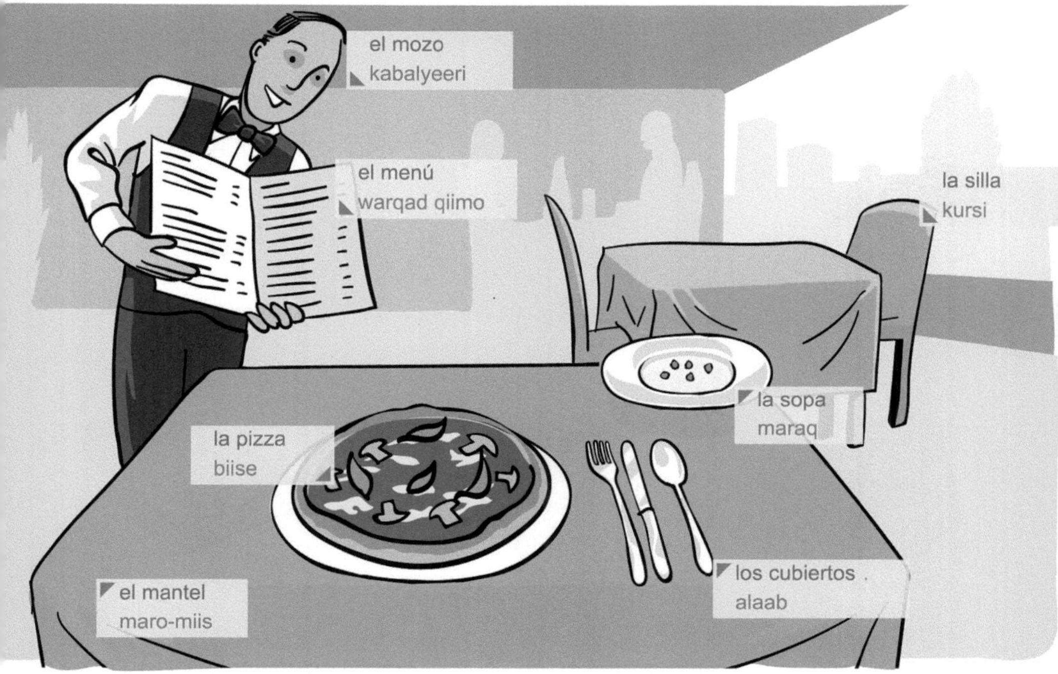
el mozo
kabalyeeri
el menú
warqad qiimo
la silla
kursi
la sopa
maraq
la pizza
biise
los cubiertos
alaab
el mantel
maro-miis

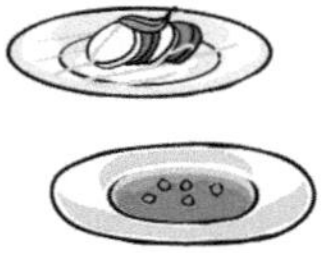

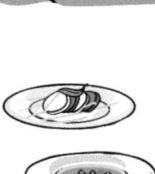

la entrada

af-billow

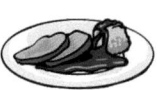

el plato principal

cunto bariimo

el postre

macmacaan

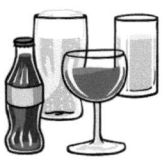

las bebidas

cabitaan

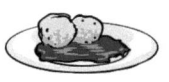

la comida

cunto

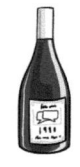

la botella

dhalo

la comida rápida

cunto diyaarsan

la comida callejera

cunto-waddo

la tetera

jalmad shaah

la azucarera

weelka sonkorta

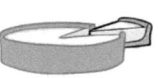

la porción

qayb

la cafetera expreso

mashiinka isbareesada

la sillita alta

kursi dheer

la cuenta

biil

la bandeja

tereey

el cuchillo

mindi

el tenedor

fargeeto

la cuchara

qaaddo

la cucharita

malqacad-shaah

la servilleta

shukumaan miis

el vaso

galaas

el plato

saxan

el plato hondo

saxanka maraqa

el plato

saxan

la salsa

suugo

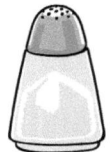

el salero

weelka cusbada

el molinillo de pimienta

basbaas shiide

el vinagre

fixiye

el aceite

saliid

las especias

dhandhanaan

el kétchup

suugo

la mostaza

mastaard

la mayonesa

mayoonees

# el supermercado

## carwo

la oferta especial
qiima dhimis qaas ah
el cliente
macmiil
los lácteos
caano
la fruta
miro
el changuito
gaariga adeega
FOR


BUTCHERS


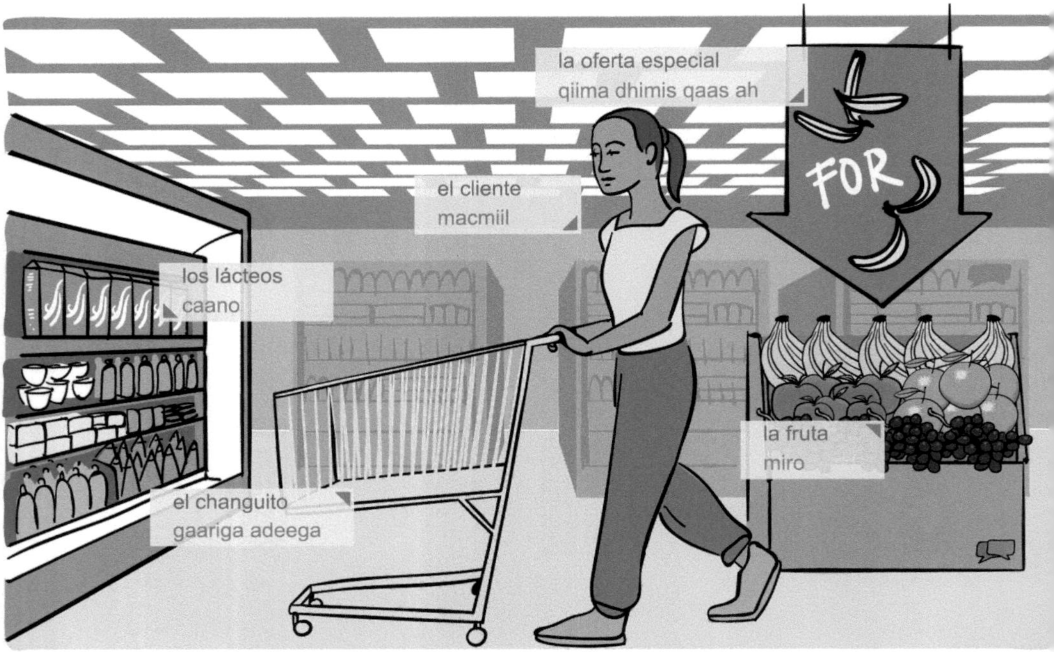

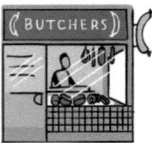

la carnicería

kawaan

BAKERY


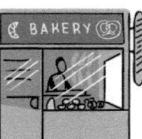

la panadería

foorno

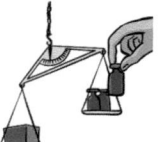

pesar

cabbir

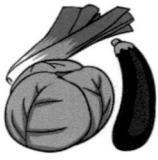

las verduras

khudaar

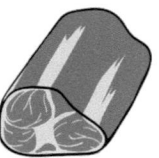

la carne

hilib

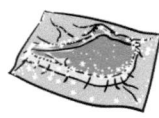

los alimentos congelados

cunto la qaboojiyay

los fiambres

hilibka qadada

los alimentos enlatados

cunto gasacadeysan

el detergente en polvo

oomo

las golosinas

macmacaan

los electrodomésticos

alaabada guri

los productos de limpieza

alaabo nadaafad

la vendedora

iibshe

la caja

diiwaan lacagta

el cajero

qasnaji

la lista de compras

liis adeeg

el horario de atención

saacadaha shaqo

la billetera

shandada jeebka

la tarjeta de crédito

kaar amaah

la cartera

bac

la bolsa de plástico

bac

el agua

biyo

el jugo

casiir

la leche

caano

la bebida cola

kooka-kola

el vino

khamri

la cerveza

biir

el alcohol

khamri

el cacao

kooke

el té

shaah

el café

kafee

el café expreso

isberesso

el cappuccino

koobishiin

la banana

muus

la manzana

tufaax

la naranja

liin-bambeelmo

el melón

qare

el limón

liin

la zanahoria

karooto

el ajo

toon

el bambú

baambuu

la cebolla

basal

el champiñón

barkin-waraabe

las nueces

loos

los fideos

baasto

los tallarines

baasto

el arroz

bariis

la ensalada

salar

las papas fritas

jibsi

las papas fritas

baradho shiilan

la pizza

biise

la hamburguesa

haambeegar

el sándwich

saanwij

el churrasco

hilib-jiir

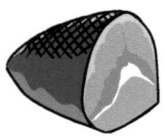

el jamón

hilib-doofaar

el salame

salami

la salchicha

sooseej

el pollo

hilib-digaag

el asado

duban

el pescado

kalluun

los copos de avena

sareenta mashaarida

el muesli

quraac isku-dhafan

los copos de maíz

daango

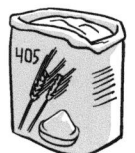

la harina

bur

la medialuna

nooc rooti ah

el pancito

rooti

el pan

rooti

la tostada

rooti-la-kulluleeyey

las galletitas

buskud

la manteca

subag

la cuajada

hanti

la torta

doolsho

el huevo

ukun

el huevo frito

ukun shiilan

el queso

burcad

la comida - cunto

el helado

jalaato

el azúcar

sonkor

la miel

malab

la mermelada

malmalaado

la pasta de chocolate

labeen macmacaan

el curry

suugo

# la granja
## beer

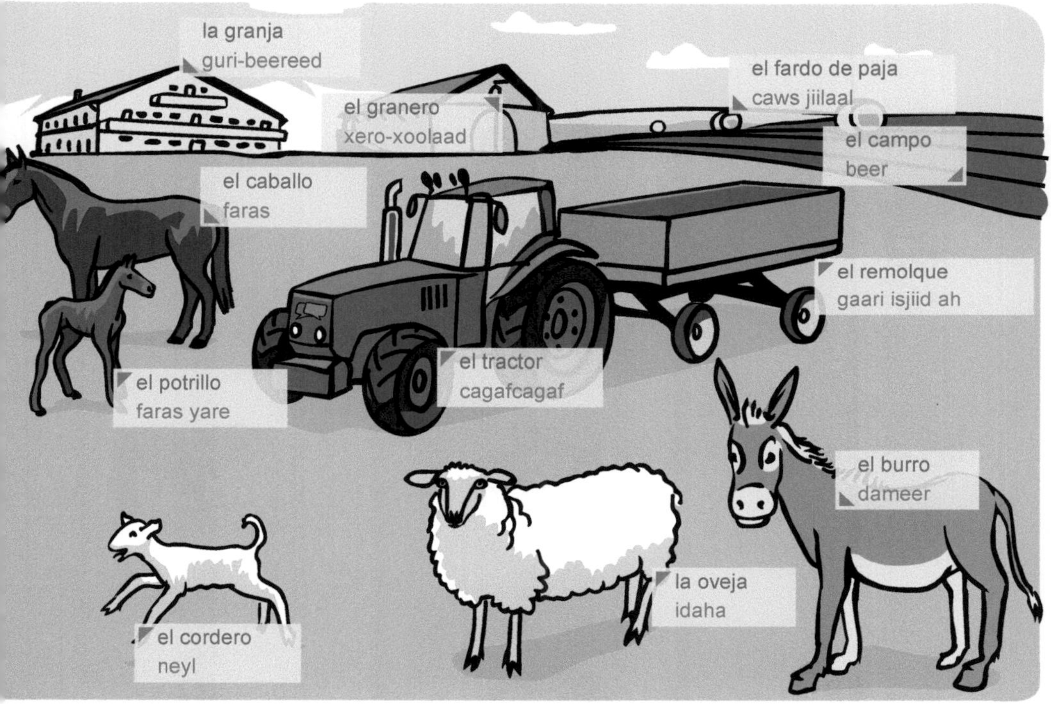
la granja
guri-beereed
el granero
xero-xoolaad
el fardo de paja
caws jiilaal
el campo
beer
el caballo
faras
el remolque
gaari isjiid ah
el tractor
cagafcagaf
el potrillo
faras yare
el burro
dameer
la oveja
idaha
el cordero
neyl

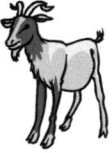

la cabra

ri'

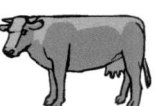

la vaca

sac

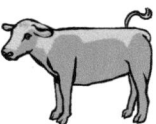

el ternero

weyl

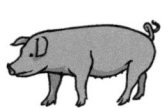

el cerdo

doofaar

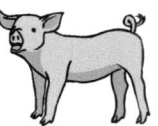

el lechón

dhal doofaar

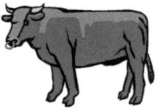

el toro

dibi

el ganso

bawaato lab

el pato

bawaato

el pollo

jiijiile

la gallina

digaag

el gallo

diiq

la rata

doolli

el gato

bisad

el ratón

jiir

el buey

dibi

el perro

eey

la cucha

hoyga eeyga

la manguera

tuubbo waraab

la regadera

sakeelka waraabinta

la guadaña

gudin

el arado

carro-roge

la hoz

gudin

la azada

yaambo

la horquilla

fargeeto caws-beereed

el hacha

faas

la carretilla

gaari -gacan

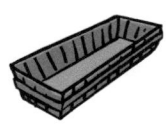

el abrevadero

dar

la lechera

dhalada caanaha

la bolsa

jawaan

la reja

deer

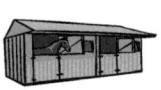

el establo

xero xooleed

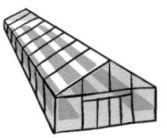

el invernadero

gur-biqlin-dhireed

el suelo

ciidda

la semilla

abuuka

el fertilizador

bacrimiye

la cosechadora

cagafta beer-goynta

cosechar

beer-goyn

la cosecha

beer-gooyn

las batatas

moxog

el trigo

sarreen

la soja

soya

la papa

baradho

el maíz

galley

la semilla de colza

geed-saliideed

el árbol frutal

geed mirood

la mandioca

moxog

los cereales

firiley

# la casa
# guri

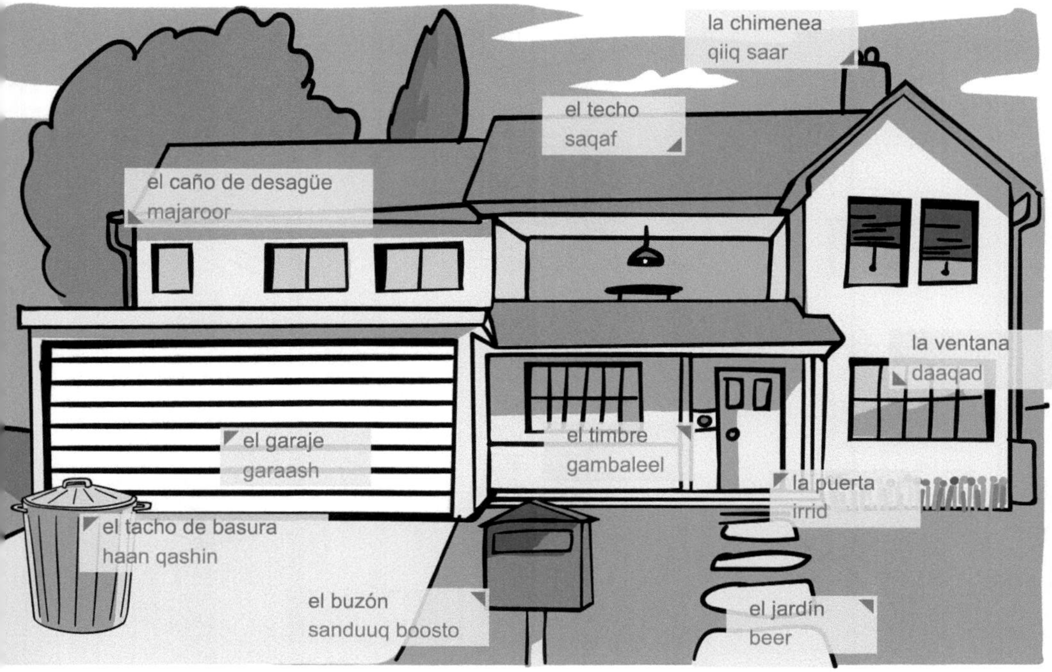

la chimenea
qiiq saar
el techo
saqaf
el caño de desagüe
majaroor
la ventana
daaqad
el garaje
garaash
el timbre
gambaleel
la puerta
irrid
el tacho de basura
haan qashin
el buzón
sanduuq boosto
el jardín
beer


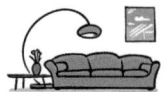

el living

qol jiib

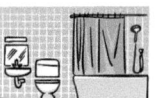

el baño

musqul-qubeys

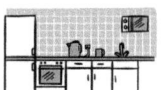

la cocina

jiko

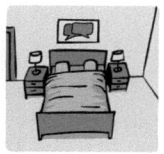

el dormitorio

qolka jiifka

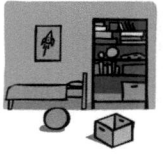

el cuarto de los chicos

qolka ilmaha

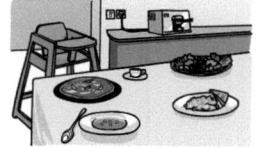

el comedor

qolka cuntada

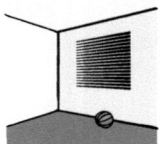

el piso
sagxad

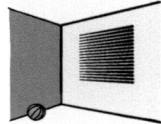

la pared
derbi

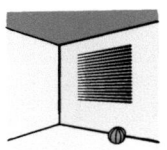

el cielorraso
saqaf

el sótano
makhaasiin

el sauna
soona

el balcón
balakoon

la terraza
daarad

la pileta
barkad

la cortadora de pasto
caws-jare

la sábana
buste

el acolchado
go'

la cama
sariir

la escoba
xaaqin

el balde
baaldi

el interruptor
daare-damiye

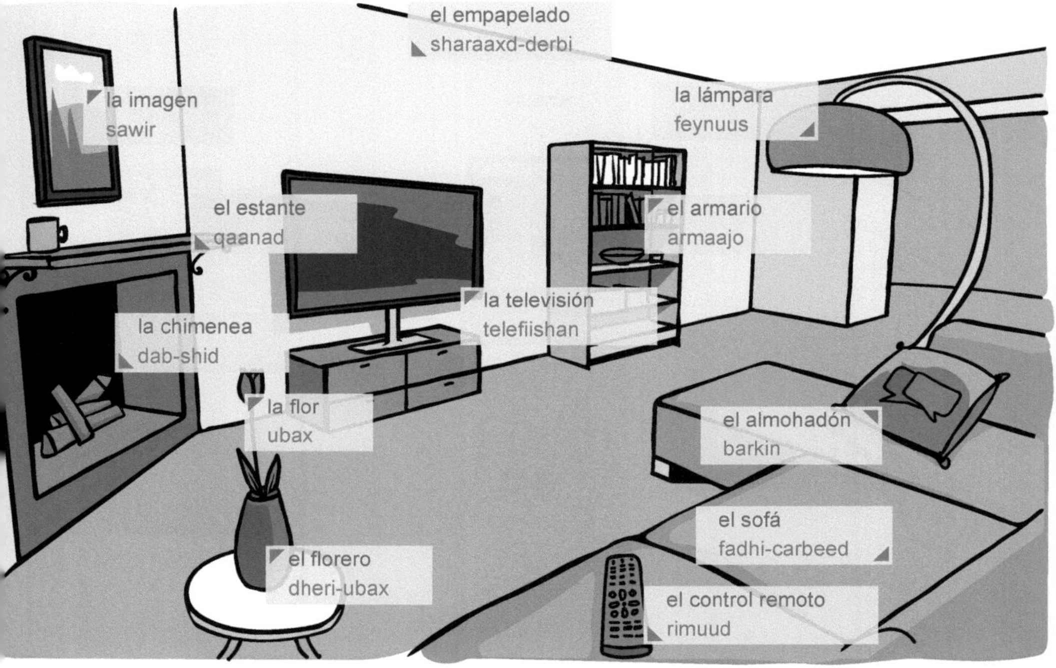

el empapelado
sharaaxd-derbi

la imagen
sawir

la lámpara
feynuus

el estante
qaanad

el armario
armaajo

la televisión
telefiishan

la chimenea
dab-shid

la flor
ubax

el almohadón
barkin

el sofá
fadhi-carbeed

el florero
dheri-ubax

el control remoto
rimuud

la alfombra

roog

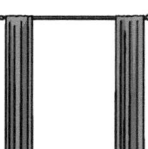

la cortina

daah

la mesa

miis

la silla

kursi

la mecedora

kursi wareega

el sillón

kursi fadhi

el libro

buug

la frazada

buste

la decoración

qurxin

la leña

xaabo

la película

filin

el equipo de música

cod-baahiye

la llave

fure

el diario

wargeys

la pintura

rinjiyeyn

el póster

tabeelo

la radio

raadiye

el cuaderno

xusuus-qor

la aspiradora

huufar

el cactus

tiitiin

la vela

shumac

# la cocina
## jiko

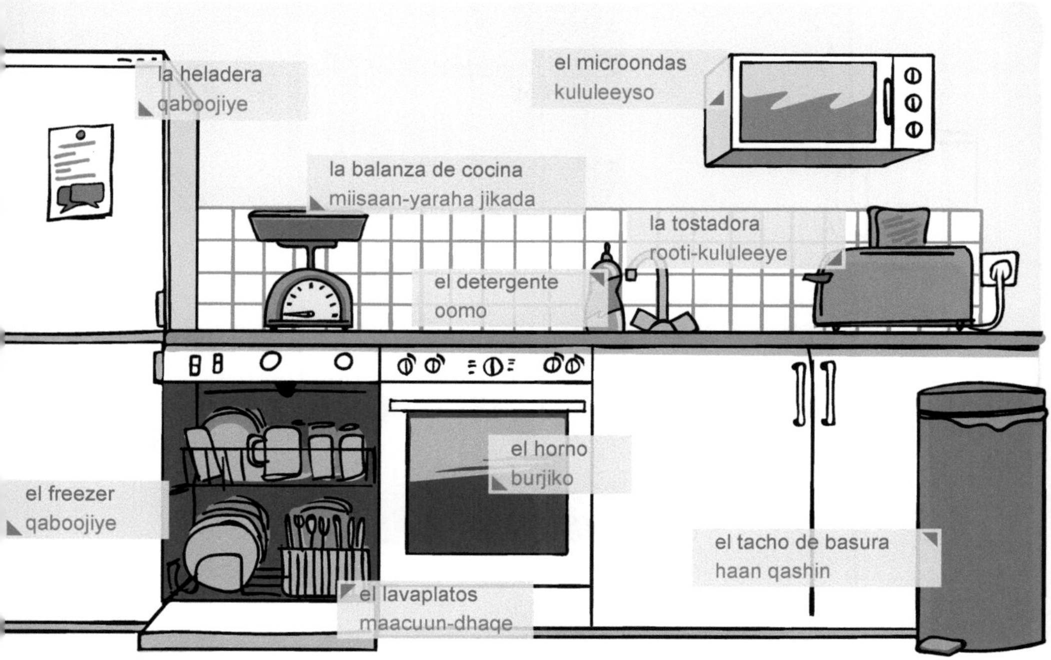

la heladera
qaboojiye
el microondas
kululeeyso
la balanza de cocina
miisaan-yaraha jikada
la tostadora
rooti-kululeeye
el detergente
oomo
el horno
burjiko
el freezer
qaboojiye
el tacho de basura
haan qashin
el lavaplatos
maacuun-dhaqe


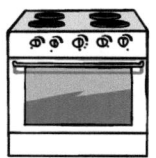

la cocina

kuuker

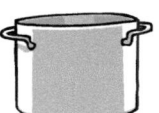

la olla

dheri

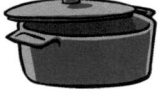

la olla de hierro fundido

birtaawo

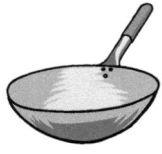

el wok

birtaawo

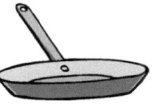

la sartén

birtaawo

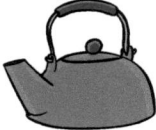

la pava

kirli

la vaporera

uumiye

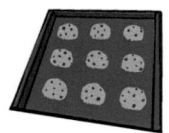

la bandeja de horno

saxaarad dubista

la vajilla

maacuun

la taza

bakeeri

el bol

baaquli

los palitos

qoryo wax lagu cuno

el cucharón

malqacad

la espátula

qaado

la batidora

folow

el colador

miire

el colador

shashaq

el rallador

qudaar-jare

el mortero

mooye

la parrilla

hilib-sol

la fogata

dab

la tabla de picar

alwaaxa wax-jar-jarka

el palo de amasar

ul jabaati

el sacacorchos

guf-saare

la lata

gasac

el abrelatas

gasac-fure

la manopla

istaraasho-jiko

la pileta

saxanka-alaab-dhaqa

el cepillo

caday

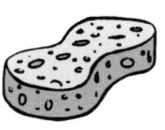

la esponja

isbuunyo

la batidora

shiide

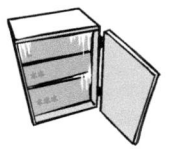

el congelador

qaabojin qoto-dheer

la mamadera

masaasad

la canilla

tuubbo

# el baño
# musqul-qubeys

la ducha
qubeys
la calefacción
kululeeye
la toalla
shukumaan
la cortina de la ducha
daaha qubeyska
el baño de espuma
xumbo qubeys
la bañadera
tuubbo qubeys
el vaso
galaas
el lavarropas
qasaalad
la canilla
tuubbo
las baldosas
mar-mar
la pelela
tuunji
la pileta
saxanka-alaab-dhaqa

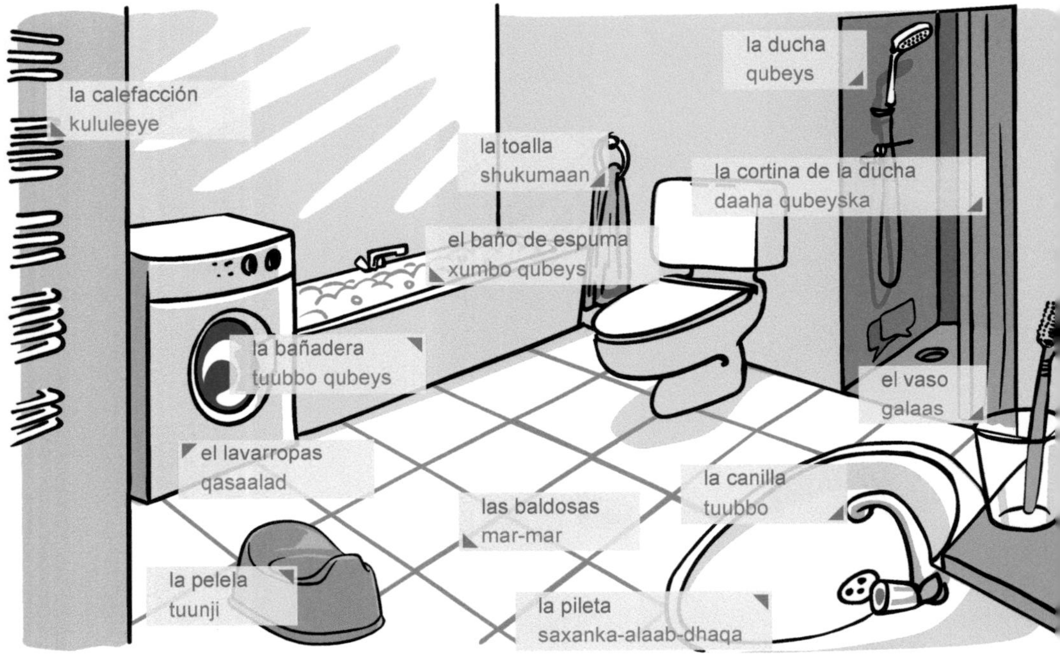

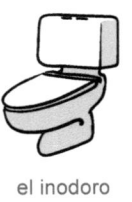

el inodoro

musqul

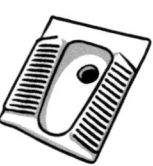

la letrina

musqusha fadhiga

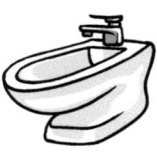

el bidé

siin

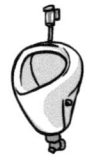

el mingitorio

weel kaadi

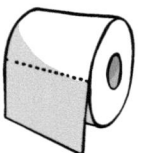

el papel higiénico

tiish musqul

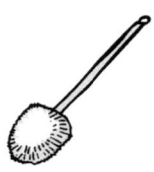

el cepillo para el inodoro

burushka musqusha

el cepillo de dientes

caday

el dentífrico

daawo caday

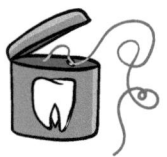

el hilo dental

dunta ilka farashada

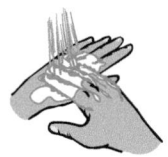

lavar

dhaq

la ducha de mano

gacan qubeys

la ducha higiénica

tuubo-musqul

la palangana

beeshin

el cepillo para la espalda

burush-qubeys

el jabón

saabuun

el gel de ducha

shaambo

el shampoo

shaambo

la toallita

cago-saar

el desagüe

biyo-saare

la crema

kareem

el desodorante

carfiso

el espejo

muraayad

el espejito

muraayad gacmeed

la maquinita de afeitar

sakiin

la espuma de afeitar

xumbada xiirashada

el aftershave

daawo gar-xiir

el peine

shanlo

el cepillo

burush

el secador de pelo

fooneeye

el spray

timo-buufis

el maquillaje

waji-qurxiye

el lápiz de labios

rooseeto

el esmalte para uñas

cidiyo-nadiifiye

el algodón

dun

la tijera para uñas

cidiyo-jar

el perfume

baarafuun

el portacosméticos

boorso-wajidhaq

la banqueta

saxaro

la balanza

miisaan culays

la bata

dhar-qubeys

los guantes de goma

gacma gashi cinjir

el tampón

tambooni

la toallita femenina

tiimshe

el baño químico

musqul kiimiko

# el cuarto de los chicos

## qolka ilmaha

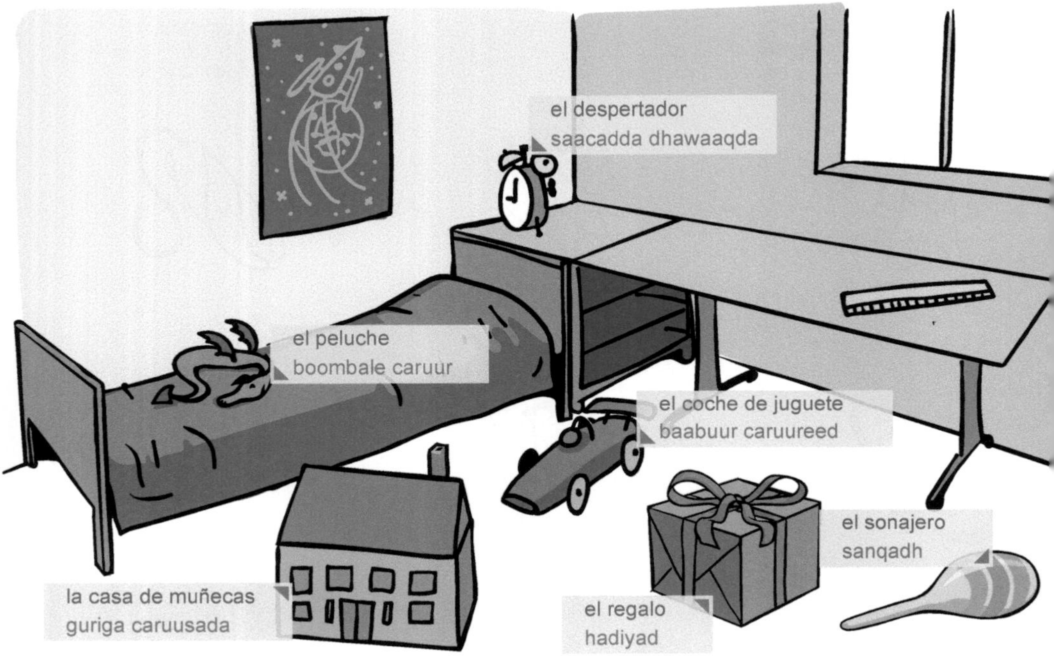
el despertador
saacadda dhawaaqda
el peluche
boombale caruur
el coche de juguete
baabuur caruureed
el sonajero
sanqadh
la casa de muñecas
guriga caruusada
el regalo
hadiyad

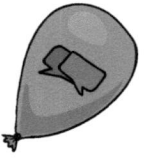

el globo
buufin

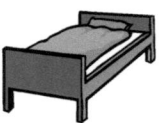

la cama
sariir

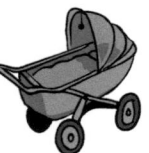

el cochecito
gaariga caruurta

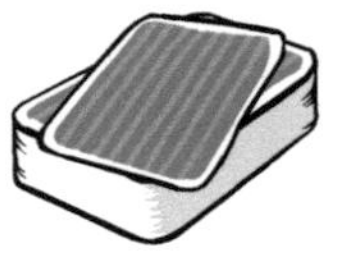

las cartas
turub

el rompecabezas
miinshaar

SUPER
MEGA

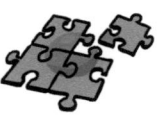

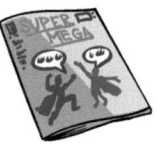

la historieta
maad

las piezas de lego

bulkeeti boombale ah

los ladrillos de juguete

tooy

la figura de acción

sanam

el enterito (de bebé)

isku-jooga dhallaanka

el frisbee

aalad cayaar

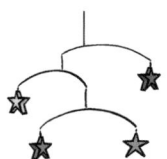

el móvil para bebés

moobaayl

el juego de mesa

khamaar

los dados

laadhuu

el tren eléctrico

moodo tareen

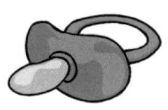

el chupete

boombale

la fiesta

xaflad

el libro de cuentos ilustrado

buug sawirro

la pelota

kubbad

la muñeca

boombale

jugar

cayaar

el arenero

dhoobo-dhoobeey

la hamaca

wiifoow

los juguetes

alaab-alaabeey

la consola de videojuegos

geemka gacanta laga hago

el triciclo

baaskiil

el osito de peluche

boombale

el armario

armaajo dhar

## la ropa

## dhar

las medias

sigisaan

las medias panty

sigsaan haween

las calzas

surwaal-dhuuqsan

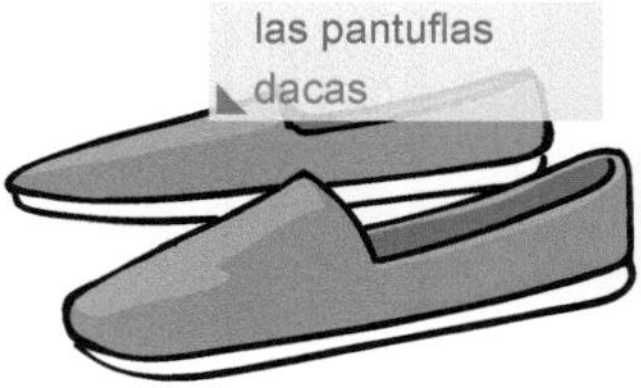

la bufanda
masar

el paraguas
dallad

la remera
funaanad

el cinturón
suun

las botas
kabo buud

las pantuflas
dacas

las zapatillas
kabo tababar

las sandalias
saandalo

los zapatos
kabo

las botas de goma
kabo roob

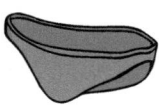
la ropa interior
hoos-gashi

el corpiño
rajabeeto

el chaleco
garan

la ropa - dhar

45

el body

jir

los pantalones

surwaal

los jeans

surwaal jeenis

la pollera

goono

la blusa

canbuur

la camisa

shaati

el pulóver

funaanad-dhaxameed

el buzo

garan dhaxameed

el blazer

jaakad fudud

la campera

jaakad

el tapado

koodh

el piloto

koodhka roobka

el traje

dhar-munaasabadeed

el vestido

labbis

el vestido de novia

lebbis aroos

**el traje**
suut

**el camisón**
dhar-hurdo

**el pijama**
bajaamo

**el sari**
saari

**el pañuelo para la cabeza**
masar

**el turbante**
cimaamad

**la burka**
cabaayad

**el caftán**
saako

**la abaya**
cabaayad

**el traje de baño**
dharka-dabaasha

**el short de baño**
dabo-gaabyo

**los shorts**
surwaal-dabagaab

**el jogging**
taraak-suut

**el delantal**
dufan-dhowr

**los guantes**
gacmo gashi

el botón

galluus

los anteojos

ookiyaale

la pulsera

jijin

el collar

silis

el anillo

faraati

el aro

dhego dhego

la gorra

koofiyo

la percha

katabaan

el sombrero

koofiyad

la corbata

garabaati

el cierre

jiinyeer

el casco

helmed

los tiradores

ilko-reeb

el uniforme escolar

direes dugsi

el uniforme

direes

el babero

cayo-dhowr

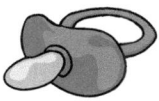

el chupete

boombale

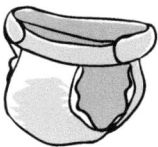

el pañal

maro-dufeed

## la oficina
## xafiis

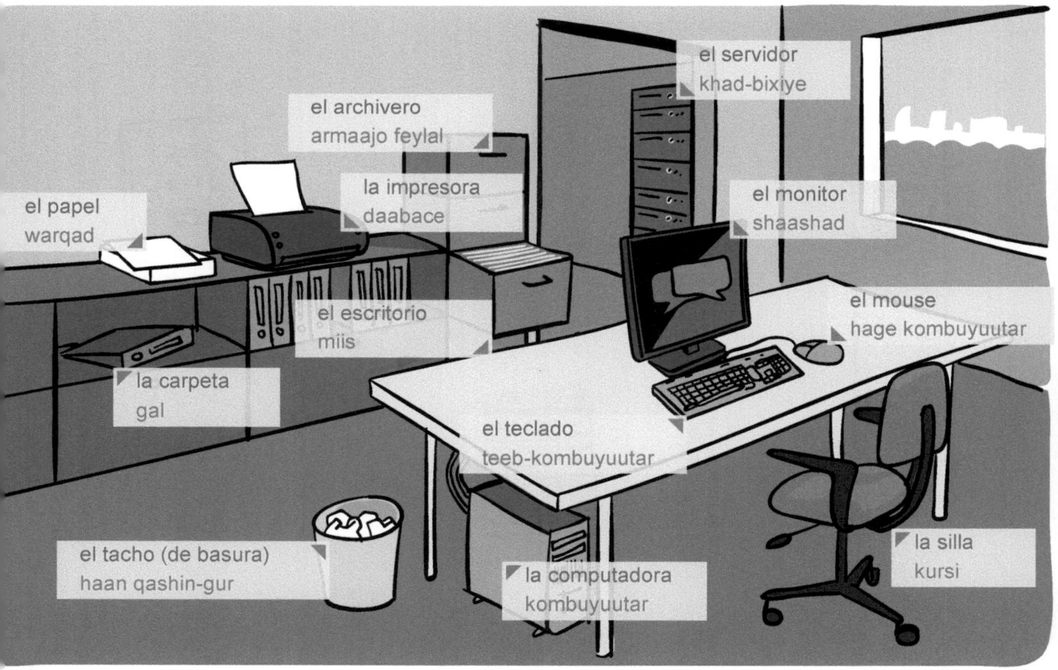

el servidor
khad-bixiye

el archivero
armaajo feylal

la impresora
daabace

el papel
warqad

el monitor
shaashad

el escritorio
miis

el mouse
hage kombuyuutar

la carpeta
gal

el teclado
teeb-kombuyuutar

el tacho (de basura)
haan qashin-gur

la silla
kursi

la computadora
kombuyuutar

la taza de café

koob kafee

la calculadora

kalkuleytar/xisaabiye

el internet

internet

la laptop

laabtoob

la carta

bakhshad

el mensaje

fariin

el celular

moobaayl

la red

shabakad-kombuyuutar

la fotocopiadora

footokoobi

el software

barnaamij-kombuyuutar

el teléfono

telefoon

el tomacorriente

god koronto

el fax

mishiinkan fax-ka

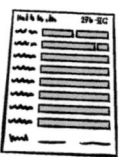

el formulario

foomka

el documento

dokumenti

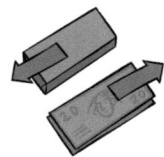

comprar

iibso

pagar

bixi

hacer negocios

ganacso

el dinero

lacag

 USD

el dólar

doollar

 EUR

el euro

yuuro

 JPY

el yen

yenka jabbaan

 RUB

el rublo

robolka ruushka

 CHF

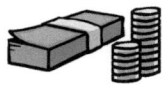

el franco suizo

Franka iswiiska

 CNY

el yuan

lacagta shiinaha

 INR

la rupia

rubiyada hindiga

el cajero automático

maqal

la casa de cambio

xafiiska sarrifaka lacagaha

el oro

dahab

la plata

qalin

el petróleo

shidaal

la energía

tamar

el precio

qiime

el contrato

qandaraas

el impuesto

canshuur

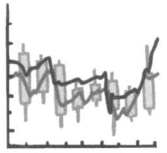

la acción

raasumaal

trabajar

shaqee

el empleado

shaqaale

el empleador

shaqaaleysiiye

la fábrica

warshad

el negocio

dukaan

# las ocupaciones
# shaqooyin

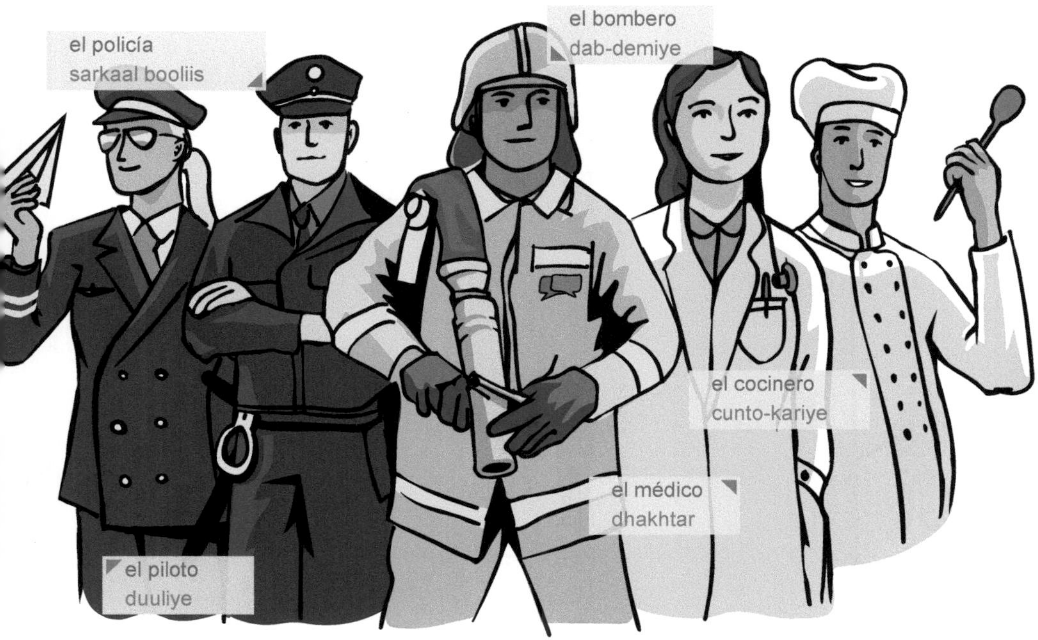
el policía
sarkaal booliis
el bombero
dab-demiye
el cocinero
cunto-kariye
el médico
dhakhtar
el piloto
duuliye

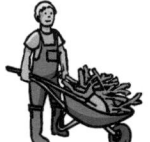

el jardinero

beeralley

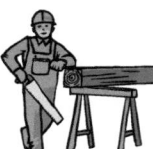

el carpintero

nijaar

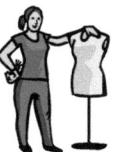

la modista

timo-qurxiso

el juez

qaaddi

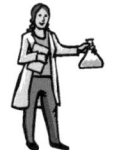

el farmacéutico

farmashiiste

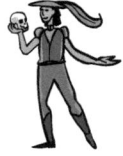

el actor

jile

el colectivero

darawal bas

el taxista

taksiile

el pescador

kalluumeyste

la mucama

nadiifiso

el techista

saqaf-dhise

el mozo

kabalyeeri

el cazador

ugaarsade

el pintor

rinjiile

el panadero

rooti-dube

el electricista

koronto-yaqaan

el albañil

dhise

el ingeniero

injineer

el carnicero

kawaanle

el plomero

tuubbiiste

el cartero

boostaale

el soldado

askari

el arquitecto

injineer-dhismo

el cajero

qasnaji

el florista

ubax-yaqaan

el peluquero

timo-jare

el cobrador

kiro-uruuriye

el mecánico

makaanik

el capitán

kabtan

el dentista

dhakhtar-ilko

el científico

saaynisyahan

el rabino

wadaad yahuud

el imán

imaam

el monje

xerow

el sacerdote

wadaad

# las herramientas
## qalab

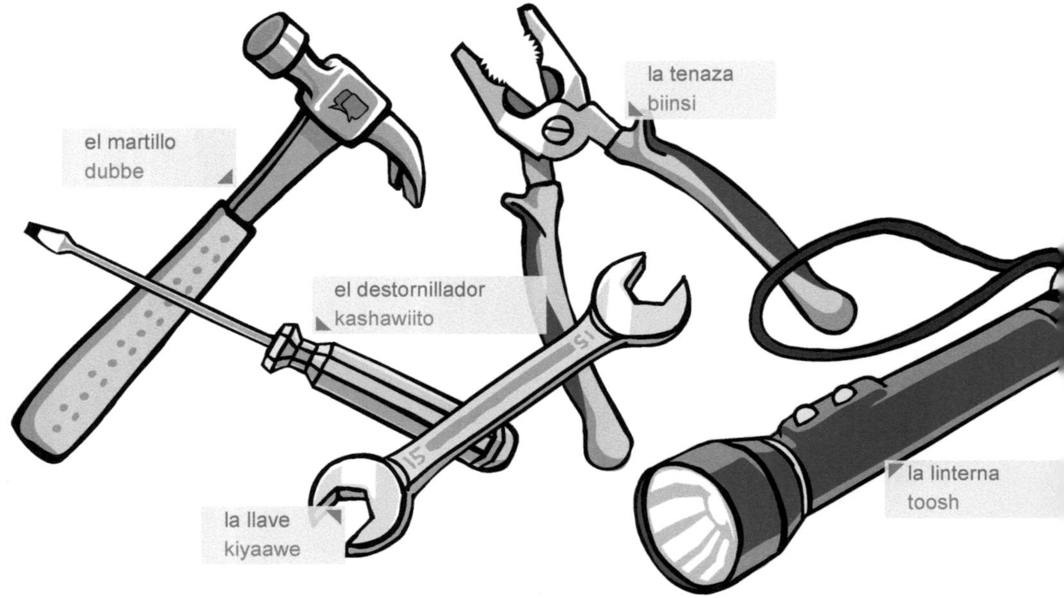
el martillo
dubbe
la tenaza
biinsi
el destornillador
kashawiito
la llave
kiyaawe
la linterna
toosh

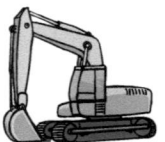

la excavadora

dhul-qoddo

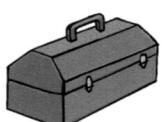

la caja de herramientas

qalab-xajiye

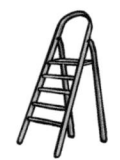

la escalera portátil

jaraanjaro

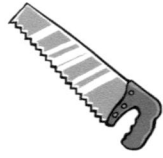

la sierra

miinshaar

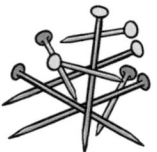

los clavos

musbaarro

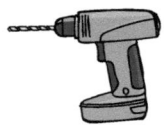

el taladro

dalooliye

arreglar

dayactir

la pala de jardín

badiil

¡Qué bronca!

inkaar kugu dhacday!

la pala de plástico

bus-xaabiye

el tacho de pintura

gasacad rinji

los tornillos

boolal

## los instrumentos musicales
## qalab muusiko

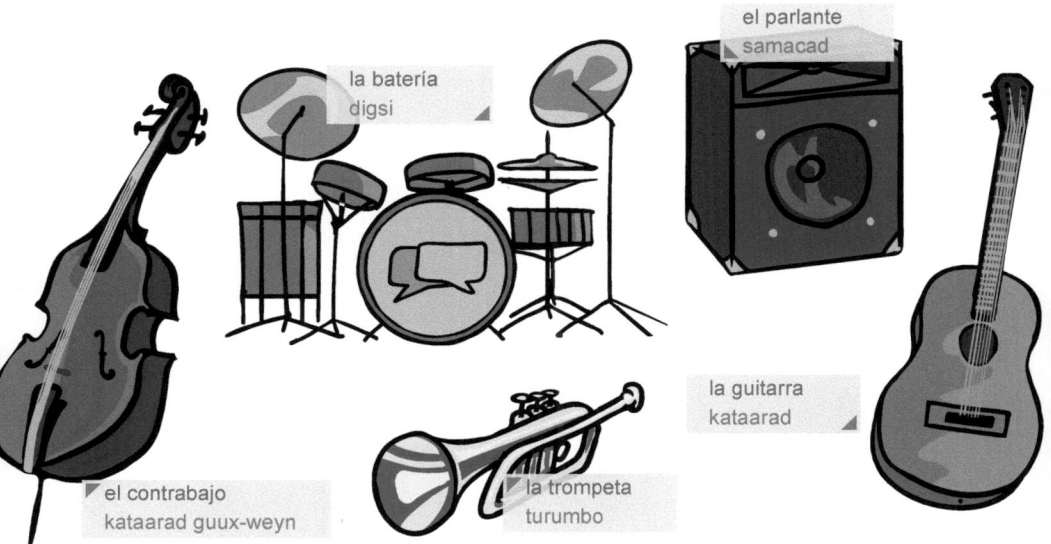

la batería
digsi

el parlante
samacad

la guitarra
kataarad

el contrabajo
kataarad guux-weyn

la trompeta
turumbo

el piano

biyaano

el violín

fiyooliin

el bajo

karaarad guux-dheer

los timbales

durbaan-sheegagle

el tambor

durbaan

el teclado

loox-xarfeed-biyaano

el saxofón

turumbo

la flauta

siin-baar

el micrófono

makarafoon

# el zoológico
## beer-xayawaan

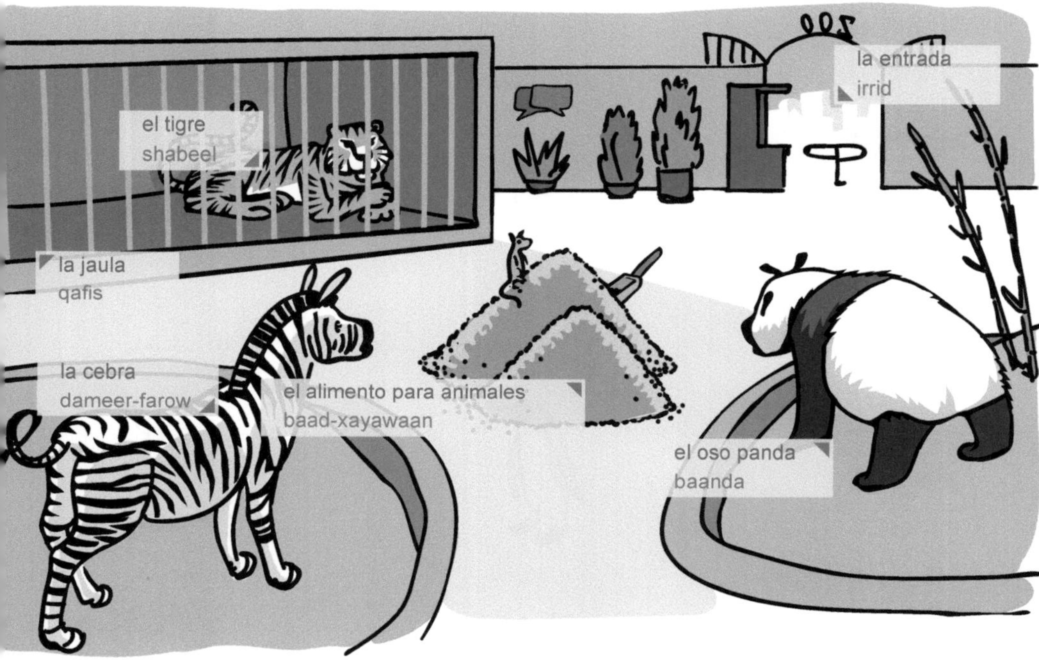

la entrada
irrid
el tigre
shabeel
la jaula
qafis
la cebra
dameer-farow
el alimento para animales
baad-xayawaan
el oso panda
baanda


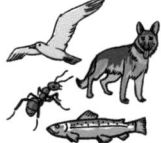

los animales

xayawaan

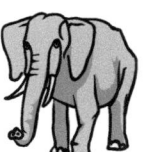

el elefante

maroodi

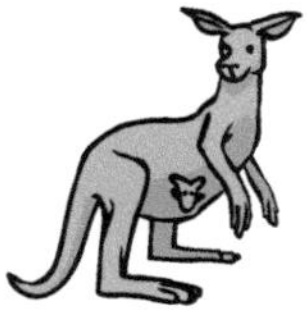

el canguro

kaangaruu

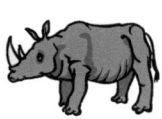

el rinoceronte

wiyil

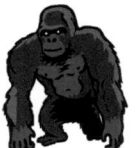

el gorila

goriille

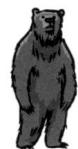

el oso

oorso

el camello

geel

el avestruz

gorayo

el león

libaax

el mono

daanyeer

el flamenco

xiita-luga-dheer

el loro

baqbaqaa

el oso polar

oorso baraf-ku-nool

el pingüino

shimbir baraf

el tiburón

libaax-badeed

el pavo real

daa'uus

la serpiente

mas

el cocodrilo

yaxaas

el cuidador del zoológico

beer-xayawaan ilaaliye

la foca

bahal kalluun-cun

el jaguar

shabeel-u-eke

el poni

dhal faras

el leopardo

harmacad

el hipopótamo

jeer

la jirafa

geri

el águila

gorgor

el jabalí

doofaar-jilibeey

el pescado

kalluun

la tortuga

qubo

la morsa

maroodi-badeed

el zorro

dawaco

la gacela

deero

el fútbol americano
kubadda-cagta maraykanka

el ciclismo
tartanka bashkuleetiga

el tenis
kubbadda miiska

el básquet
kubbadda koleyga

la natación
dabaal

el boxeo
cayaarta feerka

el hockey sobre hielo
hookiga barafka lagu dh

el fútbol

kubadda cagta

el bádminton

baadminton

el atletismo

ciyaaraha fudud

el handball

kubadda gacanta

el esquí

iskii/ciyaarta barafka

el polo

cayaar-faras

# las actividades
# hawlo

reír
qosol
saltar
boodid
abrazar
hab-siin
caminar
soco
cantar
hees
soñar
riyo
rezar
duceyso
besar
dhunkasho


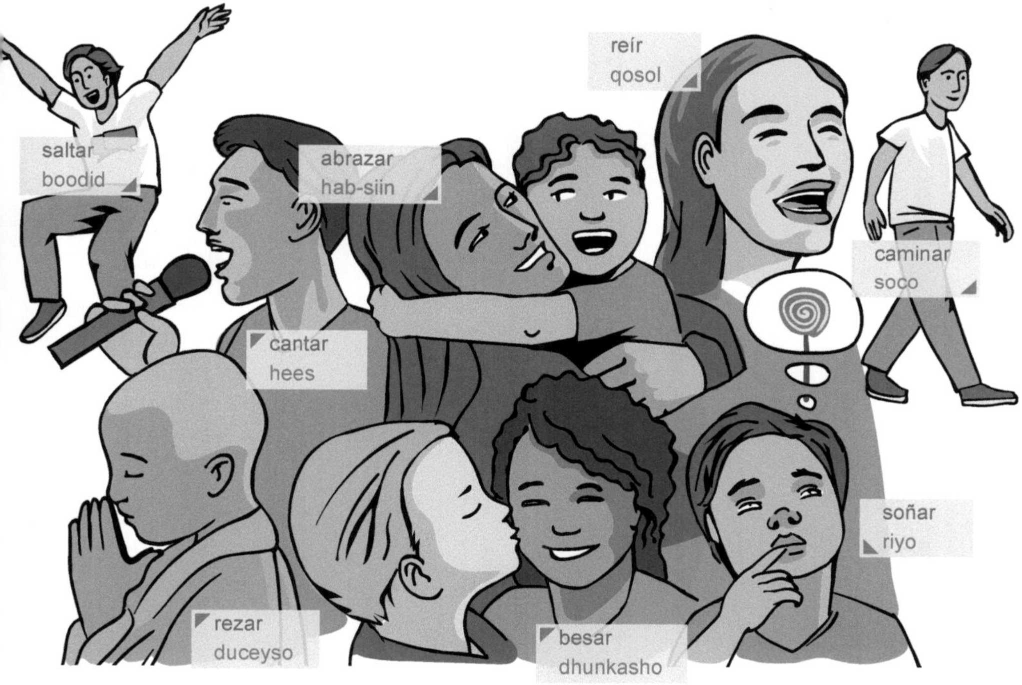

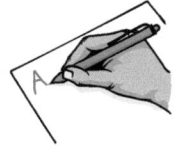

escribir
qorraxeed

dibujar
masawirid

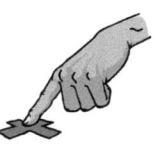

mostrar
muuji

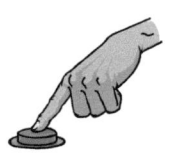

presionar
riix

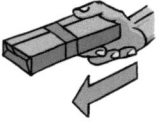

dar
sii

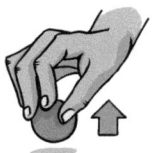

tomar
qaado

tener

haysasho

hacer

samee

ser

ahaansho

estar parado

istaag

correr

orod

tirar

jiid

tirar

tuur

caer

dhicid

estar acostado

been-sheegid

esperar

sug

llevar

qaad

estar sentado

fariiso

vestirse

labiso

dormir

seexo

despertar

toos

mirar

fiiri

llorar

ooy

acariciar

dhuftay

peinar

shanleyso

hablar

hadal

entender

faham

preguntar

weydii

escuchar

dhageysasho

beber

cab

comer

cun

ordenar

habee

amar

jacayl

cocinar

kari

manejar

kaxee

volar

duulid

navegar

shiraaco

calcular

xisaabi

leer

akhri

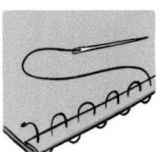

aprender

barasho

trabajar

shaqee

casarse

guurso

coser

tol

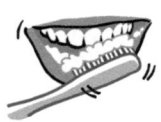

cepillarse los dientes

cadayso

matar

dilid

fumar

sigaar cab

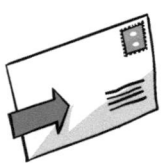

enviar

dir

# la familia
# qoys

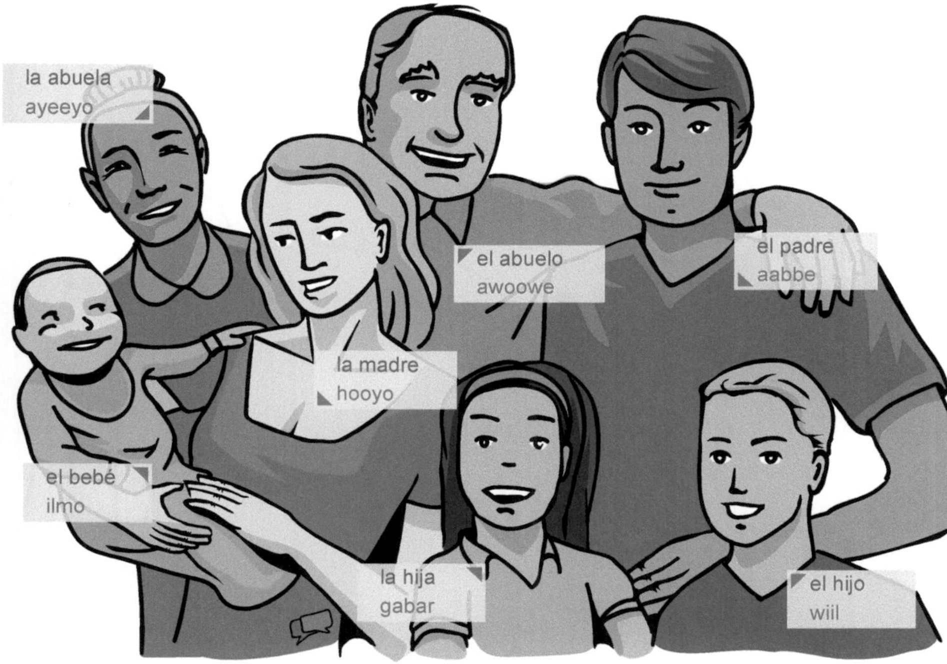
la abuela
ayeeyo
el abuelo
awoowe
el padre
aabbe
la madre
hooyo
el bebé
ilmo
la hija
gabar
el hijo
wiil

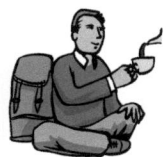

el invitado

marti

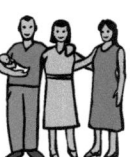

la tía

eeddo

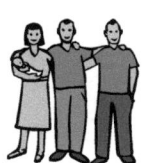

el tío

adeer

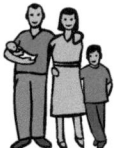

el hermano

walaal rag

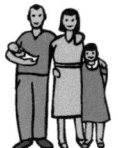

la hermana

walaal dumar

# el cuerpo

## jir

la frente
fool
el ojo
il
el hombro
garab
el dedo
far
la cara
weji
la pera
gar
la mano
gacan
la pierna
lug
el pecho
naas
el brazo
cudud


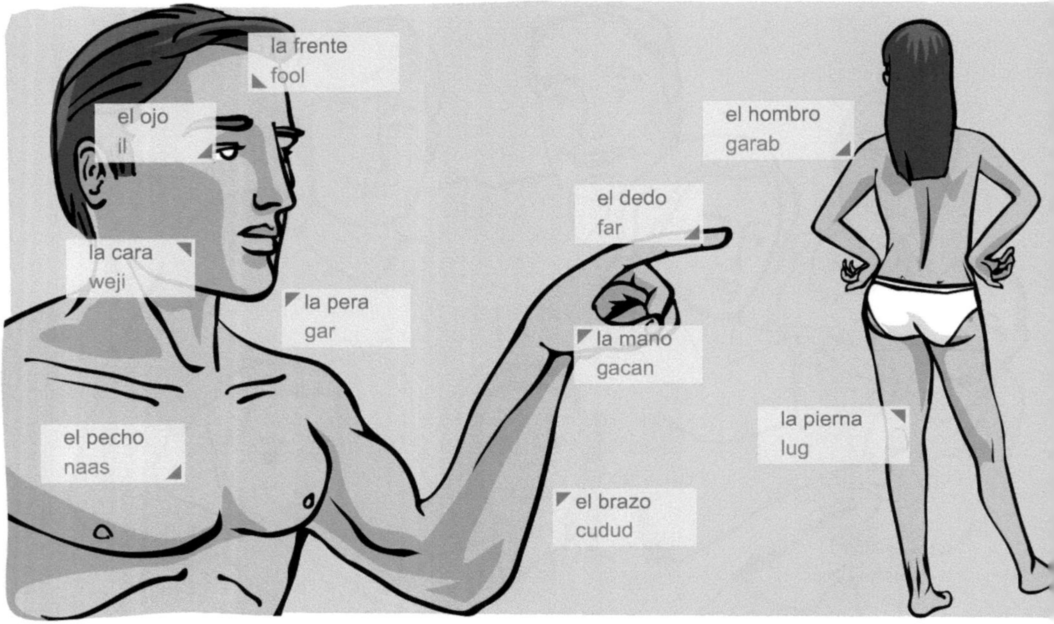

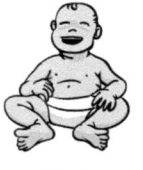

el bebé

ilmo

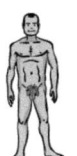

el hombre

nin

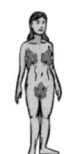

la mujer

naag

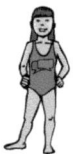

la nena

gabar

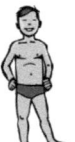

el nene

wiil

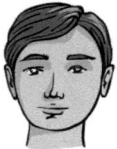

la cabeza

madax

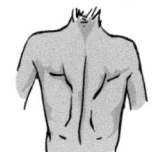

la espalda

dhabar

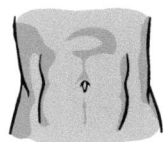

la panza

calool

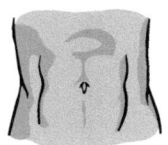

el ombligo

xuddun

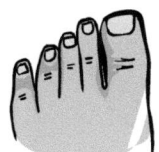

el dedo del pie

suul

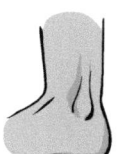

el talón

cirib

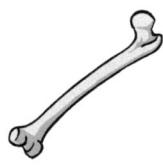

el hueso

laf

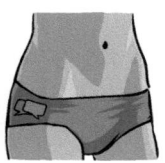

la cadera

sin

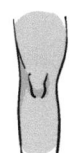

la rodilla

jilib

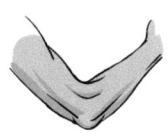

el codo

xusul

la nariz

san

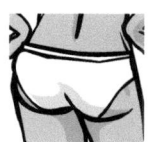

la cola

bari

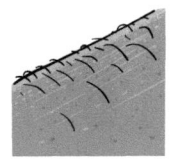

la piel

maqaar

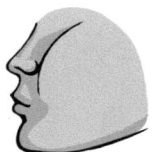

el cachete

dhafoor

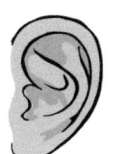

la oreja

dheg

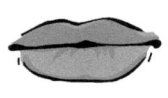

el labio

bishin

la boca

af

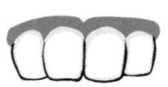

el diente

ilig

la lengua

carrab

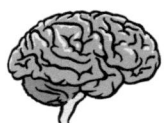

el cerebro

maskax

el corazón

wadno

el músculo

muruq

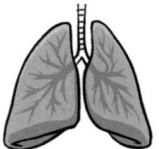

el pulmón

sambab

el hígado

beer

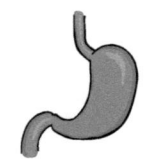

el estómago

uur kujirta caloosha

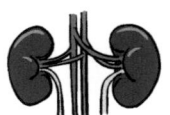

los riñones

kelyo

el sexo

galmo

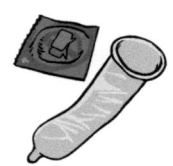

el preservativo

cinjir-galmo

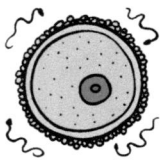

el óvulo

ugxan

el semen

shahwo

el embarazo

uur

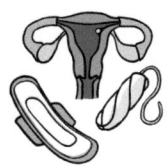

la menstruación

caado

la vagina

siil

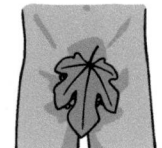

el pene

gus

la ceja

suni

el pelo

timo

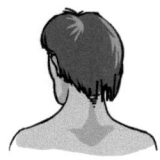

el cuello

qoor

# el hospital
# isbitaal

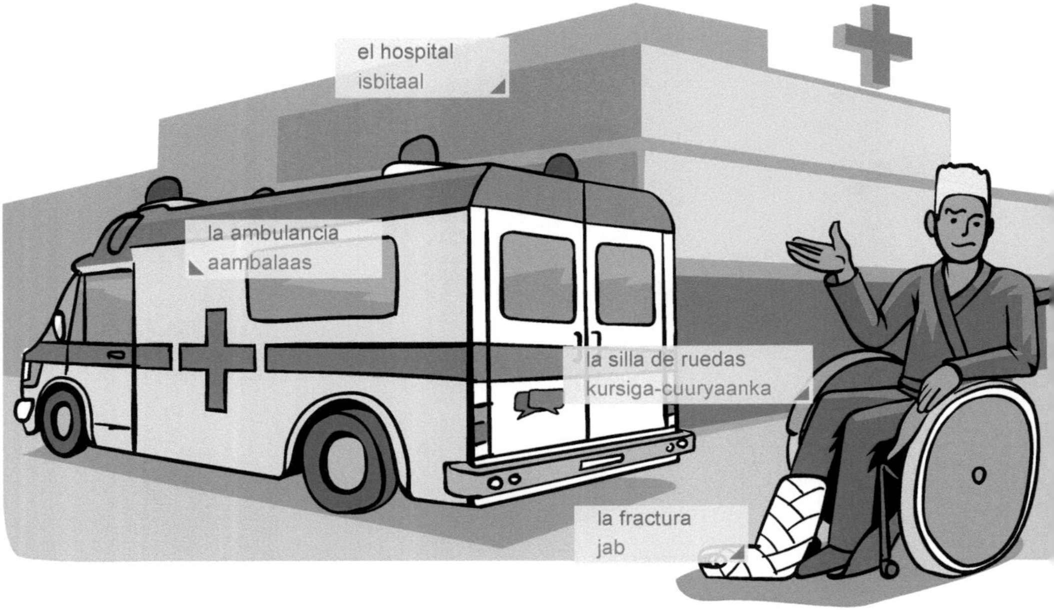

el hospital
isbitaal
la ambulancia
aambalaas
la silla de ruedas
kursiga-cuuryaanka
la fractura
jab

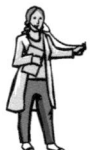

el médico

dhakhtar

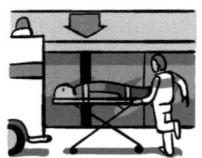

la sala de guardia

qolka xaaladaha-degdega ah

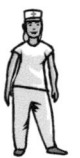

la enfermera

kalkaaliye

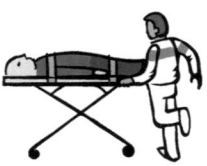

la emergencia

xaalad deg-deg ah

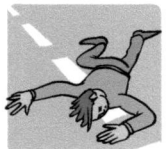

inconsciente

miyir-beelsan

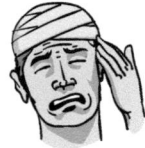

el dolor

xanuun

la lesión

dhaawac

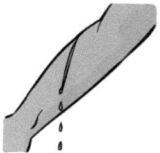

la hemorragia

dhiig-bax

el infarto

wadno-xanuun

el ACV

qallal

la alergia

xasaasiyad

la tos

qufac

la fiebre

qandho

la gripe

hargab

la diarrea

shuban

el dolor de cabeza

madax-xanuun

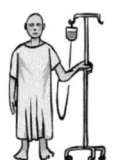

el cáncer

kansar

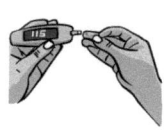

la diabetes

cudurka sokoroow

el cirujano

dhakhtarka-qalliinka

el bisturí

mindida qalliinka

la operación

qalliin

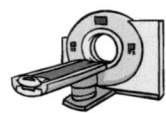

la TC

iskaan

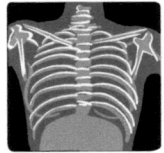

los rayos x

raajo

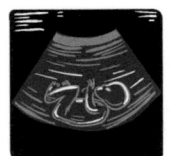

la ecografía

dhawaaq-xawaareed

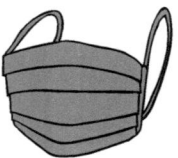

el barbijo

maaskaro

la enfermedad

cudur sokoroow

la sala de espera

qolka sugitaanka

la muleta

ul lagu boodo

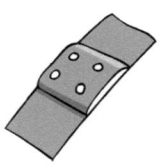

la curita

kab

la venda

faashato

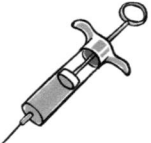

la inyección

duris

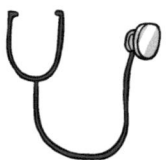

el estetoscopio

wadne-dhegeyeste

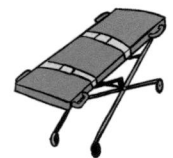

la camilla

balankiino

el termómetro

heer-kul-beega qandhada

el nacimiento

dhalasho

el sobrepeso

aad-u-cayilan

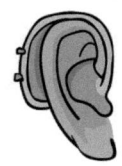

el audífono

maqal-caawiye

el desinfectante

jeermis-dile

la infección

caabuq

el virus

feyras

el VIH / SIDA

AYDHIS/HIV

el remedio

daawo

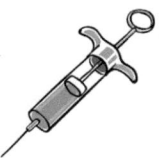

la vacunación

tallaal

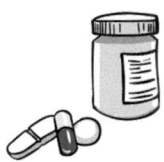

los comprimidos

kaniiniyo

la pastilla anticonceptiva

kaniin

la llamada de emergencia

wicitaan deg-deg ah

el tensiómetro

cabbiraha dhiig-karka

enfermo / sano

xanuunsan / caafimaadsan

¡Ayuda!

i caawiya!

la alarma

sawaxan

la agresión

weerar-kadisa ah

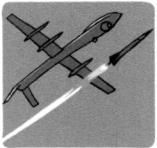

el ataque

weerar

el peligro

khatar

la salida de emergencia

irridda bixida xaalad-deg-deg

¡Fuego!

dab!

el matafuego

dab demiye

el accidente

shil

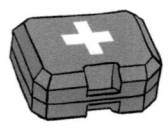

el botiquín de primeros auxilios

saduuqa xaalada-degdega ah

el SOS

codsi badbaado

la policía

booliis

Europa

Yurub

América del Norte

woqooyiga ameerika

América del Sur

koonfurta ameerika

África

Afrika

Asia

Aasiya

Australia

Oostareeliya

el Atlántico

Atlaantik

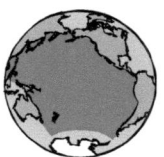

el Pacífico

Pacific

el Océano Índico

Bad-waynta hindiya

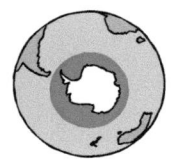

el Océano Antártico

Bad-waynta antarctica

el Océano Ártico

Bad-waynta arctic

el polo norte

cirifka waqooyi

el polo sur

cirifka koonfureed

la Antártida

Antarctica

la Tierra

dhul

la tierra

dhul

el mar

bad

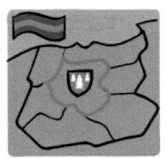

la isla

jasiirad

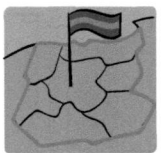

la nación

waddan

el estado

gobol

la esfera

wajiga saacadda

la manecilla de las horas

gacanka saacada

el minutero

gacanka daqiiqada

el segundero

gacanka ilbiriqsiga

¿Qué hora es?

waa intee saac?

el día

maalin

la hora

wakhti

ahora

hadda

el reloj digital

saacadda jiifarrada

el minuto

daqiiqad

la hora

saacad

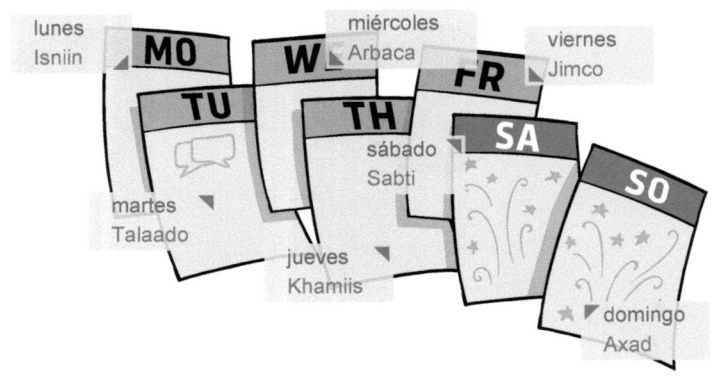

lunes
Isniin

miércoles
Arbaca

viernes
Jimco

martes
Talaado

sábado
Sabti

jueves
Khamiis

domingo
Axad

ayer

shalay

hoy

maanta

mañana

berri

la mañana

subax

el mediodía

duhur

la tarde

casir

| MO | TU | WE | TH | FR | SA | SU |
|----|----|----|----|----|----|----|
| 1 | 2 | 3 | 4 | 5 | 6 | 7 |
| 8 | 9 | 10 | 11 | 12 | 13 | 14 |
| 15 | 16 | 17 | 18 | 19 | 20 | 21 |
| 22 | 23 | 24 | 25 | 26 | 27 | 28 |
| 29 | 30 | 31 | 1 | 2 | 3 | 4 |

los días hábiles

maalmaha shaqo

| MO | TU | WE | TH | FR | SA | SU |
|----|----|----|----|----|----|----|
| 1 | 2 | 3 | 4 | 5 | 6 | 7 |
| 8 | 9 | 10 | 11 | 12 | 13 | 14 |
| 15 | 16 | 17 | 18 | 19 | 20 | 21 |
| 22 | 23 | 24 | 25 | 26 | 27 | 28 |
| 29 | 30 | 31 | 1 | 2 | 3 | 4 |

el fin de semana

dabayaaqada usbuuca

la lluvia
roob

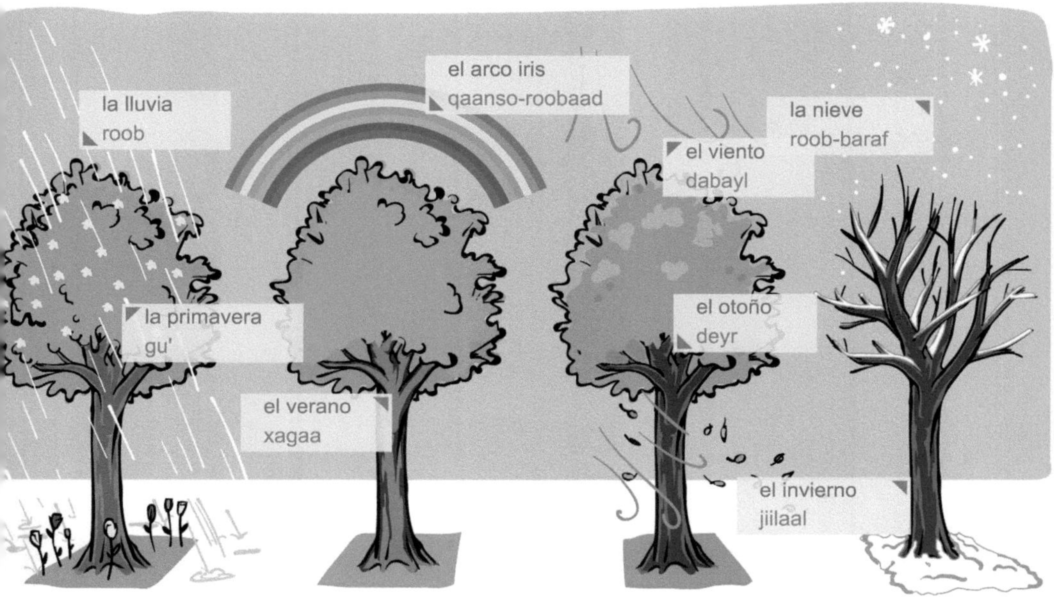

el arco iris
qaanso-roobaad

la nieve
roob-baraf

el viento
dabayl

la primavera
gu'

el otoño
deyr

el verano
xagaa

el invierno
jiilaal

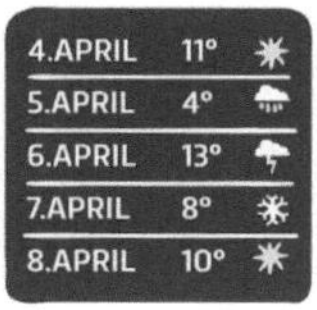

| | | |
|---|---|---|
| 4.APRIL | 11° | ☀ |
| 5.APRIL | 4° | ⛅ |
| 6.APRIL | 13° | 🌧 |
| 7.APRIL | 8° | ❄ |
| 8.APRIL | 10° | ☀ |

pronóstico meteorológico

saadaal hawo

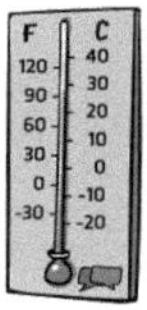

el termómetro

heer-kul baare

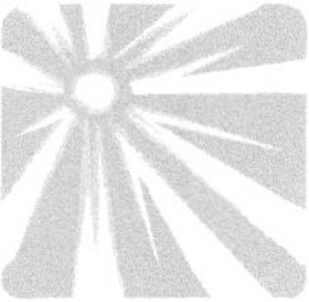

la luz del sol

qorraxeed

la nube

daruur

la niebla

ceeryaamo

la humedad

huur

el rayo

jac

el trueno

onkod

la tormenta

duufaan

el granizo

roob-baraf

el monzón

maansuun

la inundación

daad

el hielo

baraf

enero

Jannaayo

febrero

Febraayo

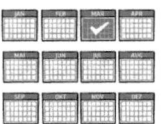

marzo

Maarso

abril

Abriil

mayo

Mey

junio

Juun

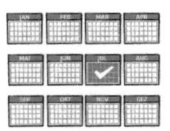

julio

Luulyo

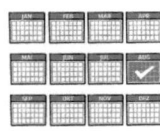

agosto

Agoosto

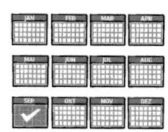

septiembre
...................
Sebteember

octubre
...................
Oktoobar

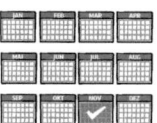

noviembre
...................
Nofeember

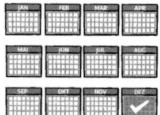

diciembre
...................
Diseember

## las formas
## qaababka

el círculo
...................
goobaabo

el cuadrado
...................
afar-gees

el rectángulo
...................
leydi

el triángulo
...................
saddex-xagal

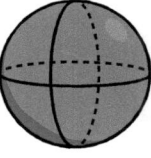

la esfera
...................
wareeg

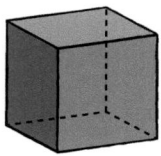

el cubo
...................
bokis

blanco

caddaan

amarillo

hurdi

naranja

oranji

rosa

guduud-khafiif

rojo

casaan

violeta

carwaajis

azul

bluug

verde

cagaar

marrón

boroon

gris

cawl

negro

madow

mucho / poco

badan / yar

enojado / tranquilo

caro / daganaan

lindo / feo

qurxoon / foolxun

el principio / el fin

billow / dhammaad

grande / chico

yar / weyn

claro / oscuro

iftiin / mugdi

el hermano / la hermana

walaalkaa / walaashaa

limpio / sucio

nadiif / wasakhaysan

completo / incompleto

buuxa / dhantaalan

el día / la noche

maalin / habeen

muerto / vivo

dhintay / nool

ancho / angosto

ballaaran / ciriiri ah

comestible / no comestible
......................
la cuni karo / aan la cuni karin

malo / amable
......................
arxan-daran / naxariis-badan

entusiasmado / aburrido
......................
faraxsan / caajisan

gordo / flaco
......................
buuran / caateysan

primero / último
......................
ugu horeeya / ugu dambeeya

el amigo / el enemigo
......................
saaxiib / cadaw

lleno / vacío
......................
maran / buuxa.

duro / blando
......................
adag / jilicsan

pesado / liviano
......................
culus / fudud

el hambre / la sed
......................
gaajo / oon

enfermo / sano
......................
xanuunsan / caafimaadsan

ilegal / legal
......................
sharci-darro / sharci

inteligente / estúpido
......................
caaqil / dabbaal

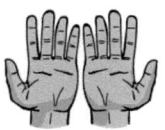

izquierda / derecha
......................
bidix / midig

cerca / lejos
......................
dhow / fog

nuevo / usado

cusub / duug

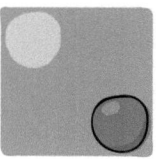

nada / algo

waxba / wax

viejo / joven

da' / dhalinyar

encendido / apagado

daaris / damin

abierto / cerrado

furan / xiran

silencioso / ruidoso

aamusnaan / cod-dheer

rico / pobre

taajir / sabool

correcto / incorrecto

sax / khalad

áspero / suave

jilif leh / sabiibax

triste / contento

murugsan / faraxsan

corto / largo

gaaban / dheer

lento / rápido

tartiib / dhaqsi

mojado / seco

qoyaan / qalleyl

caliente / frío

qandac / qabow

guerra / paz

dagaal / nabad

## lambarro

**0**

cero

eber

**1**

uno

kow

**2**

dos

laba

**3**

tres

saddex

**4**

cuatro

afar

**5**

cinco

shan

**6**

seis

lix

**7**

siete

toddoba

**8**

ocho

sideed

**9**

nueve

sagaal

**10**

diez

toban

**11**

once

kow iyo toban

## 12
doce

laba iyo toban

## 13
trece

sadex iyo toban

## 14
catorce

afar iyo toban

## 15
quince

shan iyo toban

## 16
dieciséis

lix iyo toban

## 17
diecisiete

todoba iyo toban

## 18
dieciocho

sideed iyo toban

## 19
diecinueve

sagaal iyo toban

## 20
veinte

labaatan

## 100
cien

boqol

## 1.000
mil

kun

## 1.000.000
el millón

malyuun

el inglés

Af ingiriis

el inglés americano

Ingiriiska Mareykanka

el chino mandarín

Mandariinka Shiinaha

el hindi

Hindi

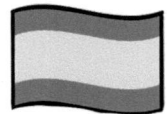

el español

Boortaqiis

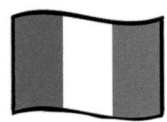

el francés

Faransiis

el árabe

Carabi

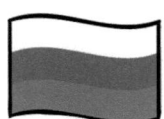

el ruso

Ruush

el portugués

Boortaqiis

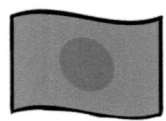

el bengalí

Bengaali

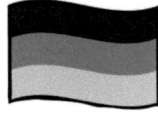

el alemán

Jarmal

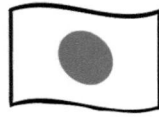

el japonés

Jabaaniis

yo

aniga

vos

adiga

él / ella

asaga / ayada

nosotros

annaga

ustedes

idinka

ellos

ayaga

¿quién?

kee?

¿qué?

maxay?

¿cómo?

sidee?

¿dónde?

xagee?

¿cuándo?

goorma?

el nombre

magac

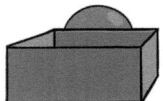

detrás

gadaal

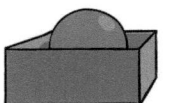

en

gudaha

adelante de

horta

por encima de

ka sare

sobre

dusha

debajo de

ka hooseeya

al lado de

dhinac

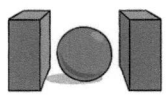

entre

u dhexeeya

el lugar

meel